메타자본세콰이어 신전

강대선 시집

상상인 시선 009

상상인 시선 009
메타자본세콰이어 신전

초판 1쇄 발행 | 2020년 06월 25일
초판 2쇄 발행 | 2020년 11월 16일

지 은 이 | 강대선
펴 낸 곳 | 도서출판 상상인
북마스터 | 김유석 최지하 이선애 마경덕
뉴크리에이터 | 이만섭 진혜진
등록번호 | 제572-96-00959호
등록일자 | 2019년 6월 25일
주   소 | 06621 서울시 서초구 서초대로74길 29, 904호
전화번호 | 010-7371-1871
전자우편 | ssaangin@hanmail.net

ISBN 979-11-963625-8-4 (03810)

값 10,000원

* 이 책은 전부 또는 일부 내용을 재사용하려면 반드시 저작권자와 도서출판 상상인의 동의를 받아야 합니다.

* 이 도서의 국립중앙도서관 출판시도서목록(CIP)은 서지정보유통지원시스템 홈페이지(http://seoji.nl.go.kr)와 국가자료공동목록시스템(http://www.nl.go.kr/kolisnet)에서 이용하실 수 있습니다. (CIP제어번호 : 2020023943)

메타자본세콰이어 신전

- 저자의 의도에 따라 작품의 보조 동사와 합성 명사는 띄어쓰기가 달라질 수 있습니다.

- 본문 페이지에서 한 연이 첫 번째 행에서 시작될 때에는 ⟨ 표기를 합니다.

추천의 말

강대선의 시로는 어언 귀鬼가 들기 시작하였다. 귀耳가 열리기 시작하였다. 열린 귀는 열려서 여전히 시의 습기와 청명과 풍습을 헤아리는 모습이다. "헛된 기쁨이 모든 슬픔을 덮는" 그리하여 마침내 "불사의 복사열로 신전에 불을 밝히는" 응시의 기척 너머에 그가 서 있다. 한편으로 강대선 시인의 바라봄이 "그 별의 이름이 인어였을 거야"라고 들려주거나 보여주었을 때. 그는 "하나이면서 둘로 빛나는" 별자리의 이름을 태어나게 해주었던 셈이다. 다시 또 그는 그렇게 "흩어진 섬들을 하나로 기우며 갈매기"를(자서에서) 날아 올리는 귀신의 꿈에 골몰하여 보였으니, 새삼 여기에 강대선의 "아사餓死"가 걸어가는 벌판이 펼쳐져 있었다.

정윤천(시인)

시인의 말

흩어진 섬들을 하나로 기우며 갈매기가 날아간다

2020년 5월

강대선

■ 차 례

1부

속도와 방향에 관한 소론	021
메타자본세콰이어 신전	022
허기의 밑창	024
폐타이어 곁에서	026
도루묵 사내	028
파라라라	030
벽에 쓰는 구직서	032
가오리연	034
풍등이 우는 계절	036
철조망에 걸린 귀신고래	038
구릉	040
갈매기는 섬들을 기우며 난다	042
바다코끼리 자술서	044
드라이 플라워	046

2부

아흔의 소녀	049
더러는 새들처럼	050
지갑의 행장	051
사막에서 풍겨오는 냄새	052
세우다	053
역류의 시대	054
블랙	056
슈만이 물고 온 데자뷰	057
땅거미와 인어별	058
포장마차 진지에서	060
기사는 기사를 꺾는다	062
건기의 숨	064
물에 빠진 달	066
미평동에서 감기를 앓다	068

3부

바퀴들	073
내어준다는 것은	074
나는 나를 편견 한다	075
부터에 붙어	076
우리 건달님	078
미역	080
비장미가 자라는 시간	081
삶을 박살내다	082
저물녘의 풍경	083
나를 닦다	084
정보요리지존 자라	086
별빛을 쥐어주다	089
속불이 타는 강	090
코로나 행성	092

4부

낙법	097
잔영의 훈기	098
겨울 허수아비	099
걸음을 멈추고	100
쇼팽의 spring	101
지렁이가 사는 두엄가는 파릇하다	102
내피와 외피	104
혼상을 이고 가다	106
로또	108
잎은 입	110
기린들	112
아늑한 발랄	113
지느러미 퇴적층	114
룽다	116

해설 _ 유종인(시인)
    삶을 관통하는 실존實存의 견인력   119

1부

속도와 방향에 관한 소론

분초를 다투며 몰아쳐 가는 파죽지세의 맹렬이 일어났지

일 초 만에 씨앗이 꽃으로 피는 영상처럼
한순간이면
삽시간에 모든 것이 달라질 것도 같았거든

비속하고 비루한 자리가 황금 궁전으로 다시 태어나고
음지에서 웅크린 생의 구근도 금방 양지로 나와 꽃망울을
터트릴 것 같았다고나 할까

그렇게 잔바람이 태풍이 되고 허리케인도 되고 어쩌면 쓰
나미도 되겠다 싶었거든

그런데 말이야
몰아쳐 갔는데
한껏 몰아쳐 간다고 갔는데
천 길 낭떠러지가 기다리고 있는 거 있지

누군가 미리 파 놓은 내 무덤 자리 같았어

메타자본세콰이어 신전

줄지어 광원光原을 향해 경배하는 메타자본세콰이어
이 빛의 신전에서
수고와 눈물로 지어진 옷을 입고 수급자는 무릎을 꿇는다

지나온 생이 비록 환하지 않았지만
남아 있는 시간 또한 행복주택에서 멀어져 있지만
제단은 더 높은 곳을 향해 솟아 있다

수련으로 채워진 제단 앞에 그늘진 빛들이 엎드린다

오지 않는 희망의 홀씨를 기다리는
채용 절벽의 끝에서조차 채집된 기쁨이 있다는 것을 믿는다

바람통을 지나가는 한 세대가
코언저리에서 퇴직과 감원의 꼭짓점을 통과하더라도
난민처럼 떠돌던 또 다른 보트는
이제 막 취업의 해안에 상륙하고 있다

등불을 밝혀 든
저 붉은 자본의 신단수를 바라보며

저마다 허기를 지나온 기억은 알츠하이머로 굳어지고
눈은 이기로 멀어 있다

수고와 눈물로 지어진 이 제단에 무관심의 눈이 쌓여
헛된 기쁨이 모든 슬픔을 덮을지라도

죽은 희망은 불사의 복사열로 신전에 불을 밝힌다

허기의 밑창

끼니때마다 반복적인 공격성을 드러낸다

허기의 알에서 나온 검은 파리들이 남은 숨을 맹렬하게 빤다
눈과 입에 붙은 검은 파리들은
공복에서 기아로 옮아가는 동안에 번성으로 들끓는다

갈비뼈를 앙상하게 드러내고 볼이 홀쭉한 아기가 웃는다
아니 운다
아니 무어라, 무어라, 파리처럼 웅얼거리다가
고개가 암연히 떨어진다

거죽만 남은 핏덩이를 안은 여인의 눈물이 슬픔의 밑창을 뚫고 내려간다

허기의 배후들은 가면 뒤에서 캘캘댄다

검은 파리들은

숨 마른 허파에 붙어 남은 온기까지 털어낸다

나의 아사餓死였다

폐타이어 곁에서

달려드는 눈을 해진 몸으로 맞고 있다

많이도 달려왔구나

시꺼멓게 탄 속내를 보이는 사내가 양 볼이 홀쭉해지도록 담배 한 모금을 빤다

서울로 부산으로 광주로 대구로 서너 달을 오가는 날도 많았어 폐 깊숙이 파고드는 열기와 한기를 번갈아 맛보기도 했더랬지 철석같이 믿고 있던 대못에 찔렸을 때는 그냥 주저앉고 싶기도 했었지 구멍 난 폐를 술 한 잔으로 때우고 다시 일어나 달렸어 가슴 한쪽에 돌멩이를 박고 산에 드신 부모님 앞에 엎드렸지 앞뒤 안 보고 그냥 달렸어 달려야 내일이 왔으니까 그러는 사이, 함께 달리던 바퀴들이 하나둘 보이지 않았지

그나저나 참 많이도 닳아졌구나

쿨럭이던 사내가 폐타이어 더미에 몸을 얹는다
〈

나는 사내의 곁에 앉아 눈을 맞는다

도루묵 사내

도루묵이 미늘을 물고 비릿하게 올라왔다

사내가 원고 뭉치를 들고 방으로 들어가자
아내는 문 밑으로 한 달 생활비와 아이들 교육비를 들이밀었다

통통배 선장 김 씨는 돈도 안 되는 도루묵을 떼어 갑판 위에 던져버렸다

사내는 고지서 뭉치를 들여다보다가 담배를 꼬나물고 똥을 한 시간째 누었다 삶은 참 비루하구나, 변기통에 머리를 박고 울었다

도루묵이 팔팔 끓여지고 있었다

사내는 이제 목구멍을 위한 월급을 받게 되었다고 아내한테 물기 없는 언어로 말한 뒤, 미늘에 꿰어진 시간에 따라 출근했다

묵혀둔 원고 뭉치를 쓰레기통에 던졌다

〈
도루묵에 소주 한잔 기울이는 사내의 한쪽 입이
무엇엔가 꿰어진 듯 비릿하게 올라갔다

파라라라
- 정신병원에 있는 K형

아무것도 꿈꾸지 않아
도리어 꿈속에서 산다는, 저
누에

모서리가 닳아진 사십 년의 기억을 실패에 감고
반 평에 눕는다, 저
누에

금남로에서 총소리가 환청으로 들려오면
귀를 막고
정말 아무것도 모른다고 도리질 치며 흐느끼는, 저
누에

밤마다 엎드려
기인 눈물을 실처럼 뽑는, 저
누에

찬바람이 불 때마다

파라라라

〈
하얗고도 가느다란 목을 뜯기며 또 하루를 건너는, 저 누에

꿈속에 들어가
도무지 나올 줄 모르는, 저 행복한.

벽에 쓰는 구직서

서리 스민 벽에 기대어
핼쑥한 몸의 윤곽을 그려 넣는다

신산이 드리운 이마는
고랑이 깊게 파여 칸칸마다 그늘을 들여놓았다

사내의
갈라진 입술에서
흘러나온 휘파람은
갈겨쓴 낙서처럼 지직거린다

벌써 여러 개의 별이 사내의 이마에 매달렸다

오갈 데 없는 처지가 아무도 찾아가지 않는 분실물 같다

구직서류 빈칸들은 감방에서 보낸 시간만큼이나 질기고도 하얗다

벽을 적시며 올라가는
담배 한 줄기

〈
말들이 들려오지 않은 벽에 기대어
종소리를 울리고 있다

가오리연

아버지는 내 손에 얼레를 쥐어주셨지

해마다 가오리가 되어 날아간 아버지는 한 계절이 지나가면 얼레에 감겨 오시곤 했어

겨울이면 아궁이에 새벽 밑불을 지피는 가오리를 보았지

어느 해, 얼레를 풀고 날아간 가오리는

시오리도 못 날아가 사기에 된통 뒤통수를 얻어맞았지

양 날개가 꺾인 채 돌아왔어

훅, 연실이 끊어진 듯 지폐가 날아갔어

바람이 불 때마다 전깃줄에 목이 걸린 가오리가 잉잉, 울었어

십 년을 더 우시던 아버지는 화구 속으로 들어가셨지
〈

밑불이 지펴지는 새벽이었어

가벼운 날개부터 떠나갔지

풍등이 우는 계절

또 한 계절이 지나가고 있어요
매미는 난간에 붙어 사십 년을 울었어요

떠나지 못한 울음소리 때문이었는지 땅거미는 그리운 쪽으로 이울고
산그림자는 지나간 사랑의 이름을 물어 오죠

풍등은 누군가의 영혼을 품고 달의 뒤편으로 떠나가고 있어요

환한 조등弔燈으로도
오월의 전별을
또 한 계절이 더해지고 있는 눈물을
저승까지로는
모두 날려 보낼 수 없겠지만

망월의 오월을 건너가는 만월의 편에
울음 한 장 띄워요

지상에 남겨진, 이 뜨거운 매미 울음을 끌어안고

또 한 사랑이
떠나가고 있어요

철조망에 걸린 귀신고래

 창문을 두드리는 바람 소리가
이 세상 같지 않았어
떠도는 귀신들이 안식의 문을 두드리는 소리 같았다고나 할까

 떨친 잠 위로 군복을 껴입었지
기침 소리가 간간이 모가지를 들었다가
다시 고개를 처박곤 했어
대원들의 머릿수를 세고 새벽잠을 모포로 덮어주고 나왔지

 적진에는
판초를 뒤집어쓰고 이쪽을 바라보는 망원경들이
게눈처럼 올라와 있었어

 우리는 참 열심히도 총구를 겨누고 있구나

 담배 한 모금이 안개 같았어
문득, 작살에 맞아 울부짖는 고래 울음소리가 들려왔지
〈

할아버지의 영전에
소주 한 잔 따라 올렸을
아버지를 닮은
작은아버지의 아들과 내가
서로의 몸을 향해 작살을 겨누고 있지

안개 한 모금에 눈앞이 흐려진 고래가 구슬프게 울지

철조망에 걸린
귀신고래가
바다 깊숙이 가라앉고 있었어

구릉

아가미를 버들가지에 꿰인 메기가 탁자에 앉아 있다

딸려온 물빛이 거무스름하다
물내가 전부였을 것 같은 저 입으로
뻐끔거리는 허공

다시는 돌아가지 못할 고향을 바라보려는 듯 눈을 부라린다 수염은 그가 한 마을의 유지였다는 것을 말해준다 구릉이 실은 고분이었다는 구깃구깃한 신문 기사가 메기 앞에 놓인다

고분에는 왕이었을, 어쩌면 한 고을의 유지였을 사람의 뼈와 금으로 된 장신구가 신발과 나란히 앉아 있었다고 한다

신발이 수염이었을까

메기가 버들가지를 빠져나온다

한때는 잘 나갔던 기억으로 살아온 주인장이 하품을 한

다 눈물을 찔끔거리던 메기가 끓는 탕 속으로 몸을 던진
다 구릉은 왠지 메기의 잘 나가던 한때처럼 쓸쓸한 역사
를 지니고 있다

   신발처럼 남겨진 버들가지를 허공으로 보내준다

   한 번은 어디론가 훨훨 날아보고 싶었다는
   아버지의 유지遺志였다

갈매기는 섬들을 기우며 난다

바람이 불 때마다 가지는 새들의 울음으로 휘어진다

육지에서 떨어져 나온 섬들이 서로를 부르다가 목이 쉬고 있는 저녁 무렵, 갈매기도 떼를 지어 울고 있다

네가 바람으로 올 때마다 나는 목을 꺾으며 울었다

한때, 너와 나는 뼈와 살이 아니었을까

끊임없는 연모를 조각한 피그말리온

뼈와 뼈를 잇대고 살과 살을 붙인다

여인이 되지 못한 조각이
너의 울음이 되지 못한 나의 목울대가
하나로 기워진다는 생각

상처와 그리움이
잊고 싶은 것과 잊어버린 것이
떠난 자리와 돌아올 자리가 별들로 꿰어진다

〈
너의 울음 조각을 밤의 문장으로 잇는다

흩어진 섬들을 하나로 기우며 갈매기가 날아간다

바다코끼리 자술서

멸종이라 불리는 절벽 위로 나아갔지

까마득하게 놓인 허공을 바라보았어
삶은 여전히 쉽지 않았지, 떨어지는 누군가의 비명이 폭포처럼 쏟아져 내렸어

눈이 먼 내 몸은
허공에서
가속도를 달고 떨어졌지

차가운 바위들이 아가리를 벌리고 내장을 기다리고 있었어
나는 알 수 없었어
나의 멸종을

북극여우, 타히티달팽이, 래서판다, 수마트라오랑우탄, 짧은꼬리녹색까치, 훔볼트펭귄, 서아프리카긴코악어, 은색비단털쥐, 다코타팔랑나비, 그레이왕도마뱀...

지구별에서 더 이상 볼 수 없는 이름들

〈
　남은 나의 숨도 저들이 남긴 이름 뒤를 따라 어디론가 사라져가겠지

　멸의 순간
　절벽으로 기어 올라가는 두 발의 포유류가 보여
　허공에 바벨탑을 쌓다가
　종국엔 나처럼 내장을 헌납하겠지

　오지 말라는 손짓을
　어서 오라는 인사로 받아들일까 봐

　나는 죽어가면서도 겁이 나
　종말 같아.

드라이 플라워

火氣가 빠져나가도록 가만 놔둘 수밖에

2부

아흔의 소녀

턱이 한쪽으로 이운 창문이 늦가을을 버텨내고 있다

아흔의 밤은 달빛 매니큐어로 덧칠해진다

립스틱을 붉게 문 입술은 유행가 한 소절을 흥얼거린다

엄마, 이제 그만 코- 해야죠

거울 속 소녀가 뒤를 돌아보며 화사하게 웃는다

뉘신지는 모르지만 고맙습니다

아흔의 눈꺼풀이 달빛에 포개어진다

더러는 새들처럼

더러는 세상을 가지는 일로
절벽에서 꽃이 지고
고양이가 납작해지고
아이들이 죽고
그대가 어두워진다고 말하고 싶었네

나 아닌 건 허공에 부려놓고 가도 좋았을 거라고

먼 길 떠나는 새들이 그러하듯이

더러는 세상을 버리는 일로
절벽에서 꽃이 피고
겨드랑이에서 가지가 뻗고
아이들이 살고
그대가 환해진다고 말하고 싶었네

나 아닌 건 허공에 부려놓고 가도 좋았을 거라고

먼 길 떠나는 바람이 그러하듯이

지갑의 행장

물러난 사내가 책상 한켠에 앉아 있다

묵은 손때들의 기록과 닳아진 가장자리에서 한숨의 서사가 들려온다

테두리는 서술된 욕망의 뒤끝을 기억한다

사내는 한때 두툼하게 지폐를 넣고 천하를 얻은 득의의 표정으로 길을 나서기도 했다

'한때'라는 호기는 구겨진 눈물로 남아 있다

낡고 닳은 가족사진 한 장이 헐렁해진 어깨를 드러낸 채 사내를 바라본다

얇아진 사내가 웅크린다

사내는 주름진 생활 속으로 엎드린다

책상 한켠에 평묘平墓가 생겨난다

사막에서 풍겨오는 냄새

모래의 왕국에서는 한 톨의 피도 흘리지 말 것

가르빈고비 욕망의 사막, 라운드 시작을 알리는 종이 울리자 갈망의 동공洞空이 확장된다 주먹과 주먹이 변칙과 변칙이 맞부딪치는 소리, 아귀와 아귀가 펼치는 이전투구泥田鬪狗, 고삐 풀린 탐욕이 이룩한 사각의 사막에서는 라운드의 끝을 알리는 종소리가 들리지 않는다

피에 취한 땅,
심장 동맥을 움켜쥔다

낙오된 새끼 낙타의 숨이 끊어지자 짐승들이 피 냄새를 맡고 달려든다

바람이 불어도 청동 종은 더 이상 풀씨를 퍼트리지 않고
사막은 풀을 키우지 않는다

세우다

늘어진 겨울 시래기가 기어들어 왔지

새총에 매단 고무줄을 잡아당기는 것처럼
힘껏 잡아당겼다 놓았지만
탄력을 회복하는 지점은 요원遙遠해 보였어

창문을 열자 빗소리가 사정없이 밀고 들어왔지

신들의 망치가 두들겨대는 것 같았어

가난한 화가의 붓이 화룡점정을 찍는 순간이 떠올랐어
봄이 가슴을 뚫고 튀어 올랐지

두들겨 맞은 시래기에서 파릇한 잎이 돋아났어

늘어진 내 것도
불끈, 힘을 회복했지

역류의 시대

술집에서 한 사내가 뺨을 맞고 있던 그 시간

평화 맨션 일 층에 사는 명자 할머니는 똥물을 바가지로 퍼내고 있었어

일방적으로 맞은 사내는 억울함을 호소했으나 가해자의 조카였던 경찰은 쥬-시후레시를 씹으며 쌍방폭행이라고 조서에 썼지

시골에서 올라온 평화 맨션 위층 할머니는 습관대로 변기에 쓰레기를 버렸어

참다못해 사내는 경찰의 멱살을 잡았고 경찰은 징그럽게 웃으며 괘씸죄와 공무집행 방해죄를 아래 칸에 추가했지

사내의 뺨을 때린 술 취한 가해자는 모르쇠로 앉아 똥물을 피해 갔지

일 층에서 똥물이 넘쳐흐르자 사람들은 코를 막고 얼

굴을 찡그렸어

 눈이 뒤집힌 사내는 능글맞게 웃고 있는 경찰을 향해 펀치 한 방을 날렸지

 사내가 여름 내내 구린내 나는 유치장에서 보내게 된 이유였지, 가해자는 이미 훈방으로 풀려난 뒤였고

 위층 할머니는 아래층에서 올라오는 명자 할머니를 향해 욕을 퍼부었어

 80년대의 흔한 서사라고만 들었지

블랙

기억을 삼키는 아가리가 있다

블랙의 세상으로 들어가
영하의 온도에서 살아가는 결빙의 섬을 만난다

섬은 심해 깊숙한 곳에서 고대로부터 전해오는 망각의 DNA를 수신호로 삼는다

길어지고 짧아지는 블랙의 시간 속에서
어제와 오늘을 오가는 기억의 수레바퀴가 들쑥날쑥 뒤틀린다

은폐의 그늘 밑에서
4월의 섬은
두꺼운 안대에 가려져 운다

밖으로 나오지 못한 이름들은 동굴 속으로 들어가 밀폐된다

장막에 가린 섬을 블랙이 문다

슈만이 물고 온 데자뷰

비나*에게 구혼을 청하며 춤을 추는 쌍둥이 형제를 생각한다

무릎을 꿇고 세레나데를 부르는 창가

꽃나무에 닿은 숨결이 달빛 그림자를 흔들어 놓는다

비나가 창문을 닫는다

춤을 추던 쌍둥이 형제가 달빛 속으로 나푼나푼 날아간다

나비가 된 형제 중 한 명을

마다가스카르에서 만난 적이 있다, 고 적는다

• 슈만의 「나비」에 나오는 여주인공

땅거미와 인어별

어둠을 몰고 오는 땅거미들이 바다로 스며들어 밤의 궁궐을 지었다면 어떨까 심해까지 어둠을 물고 들어가 알을 까고 그 알들이 또 알을 새까맣게 까서는 마침내 새로운 용궁을 건설했을지도 모르는 일이잖아

그러다가 어느 날엔가는 퍼뜩 하늘의 별을 떠올렸는지도 몰라 심해에서 쏘는 탄도미사일처럼 별을 쏘아 올리고 싶었는지도 그래서 물고기이면서 인간이기도 한 아름다운 별자리 하나를 밤의 궁전에서 꿈꾸었는지도 모르는 일

그 별의 이름이 인어였을 거야, 여인의 상체와 물고기의 하체가 만나, 육지와 바다가 만나, 밝음과 어둠이 만나, 삶과 죽음이 만나, 하나이면서 둘로 빛나는 별자리의 이름

거미들은 천궁에 인어의 별을 심기 시작했을 거야, 거 있잖아, 절망의 심연 속에서 반짝이는 희망의 사금 같은 거, 무성해진 별들을 캐는 꿈, 새벽이 오면 거미들은 별들을 메고 용궁으로 돌아갔던 거지

새벽이 몰려오는 창가에서 아직 남아 있는 인어의 별

을 만지작거리고 있어 까치밥처럼 남겨진 소담한 별 서너 개, 오래전에 잃어버렸던 너의 이름 같았다고나 할까 날마다 하늘에서 캐내었던 푸른 영혼의 별, 너이면서 나였던

포장마차 진지에서

총탄이 쏟아졌어

철퍼덕, 물 폭탄 터지는 소리가 진지를 흔들고
파편 덩어리들이
떠 있는 다리 밑을 흥건하게 적시기도 했지

의심의 철모를 쓴 여자는 물끄러미 나를 바라보았어
엄지와 검지로 이별의 가늠쇠를 조정하고
총구를 겨누었지

나는 철모 쪽으로 드리운 눈길을 무심히 거두어들였지

철모는 어둠 속에서
탄창의 형식을 바꿔 끼웠어

내용은 사랑이었으나
형식은 이별이었지

나는 형식만 남은 진지에 앉아
지루하게 이어지는 내용의 무의미를 생각했어

〈
산발적인 공습이
새벽까지 이어졌지

기사는 기사를 꺾는다

급정거로 꺾이는 관절은 난폭의 습관을 기억하지

기사는
국회의사당 사거리에서
검찰청 사거리에서
청와대 사거리에서
직각으로 핸들을 꺾어댔지

일상의 손잡이를 잡고 있던 승객의 관절은 잘도 꺾여 나갔지

우로 꺾이고
좌로 꺾이고
넘어지고
뒹구는 요지경이랄까

기사는 오늘도 난폭의 핸들을 잡고 관습적으로 기사를 돌리지

기사가 없는 날에도

기사는
우로, 좌로
키보드를 꺾기 시작하지

기사는 교차로마다 기사로 즉시 달아오르지

꺾기가 제 목을 꺾어 놓을 때까지
잠들 줄 모르는
기사는
관절마다 퇴행으로 어긋나 있지

건기의 숨

칠흑의 시각에
거품을 물고 숨 하나로 떠올라 호수를 걸어 나온 물고기는
턱턱 막히는
건기의 달빛에 마른 그림자를 드리우지

흐릿한 눈빛이 지느러미 너머로
하-, 숨을 뱉어내지

한 생이 가물었으나 주저앉지 않았지

갈라진 삶의 바닥을 건디다가
죽음이 오는 순간에도
크게 한번 입을 벌려 죽음을 물어뜯는 이빨을 포기하지 않았지

생의 한계가 그어지고 있는 그 시각에
물고기는
절망을 숨으로 바꾸었는지 모르지
〈

난 물고기, 아니 물고기의 그림자, 아니 그림자였던 가녀린 혁명

　　어둠 속을 기어
　　물내가 남아 있는 호수 안으로 호르르
　　들어가는
　　생의 또 다른 비약

　　호수 쪽으로
　　지느러미를 드리운 우기$_{雨氣}$가
　　후-, 숨을 토해내지

물에 빠진 달

이 근방에서 여승이 빠져 죽었다는데
다음날도 그다음 날도
빠져 죽었다는데
열다섯 날을 빠져 죽고서야, 밑바닥까지 내려가서야
자맥질을 치고 나왔다는데
그 여승 어디에 있나, 근방에 물어 물어
보성 율포 한 고개 뒷길에 떠 있던
도솔암 부처 구름 뒤로 가 보았더니
혼자 훌쩍이고 있는 저 여승
죽지도 못하고 또 젖 물리러 나왔다는데
젖몸살 하는 여승을
달무리로 가만히 감싸 주었다는데
호숫가 갈대가
이쪽으로 건너오는 애기 울음소리를 듣고
눈물을 훔쳤다는데
열다섯 날이 지나자 또다시 이 근방에서
여승은 빠져 죽고
다시 자맥질을 치다가
퉁퉁 젖이 불어 호수를 돌아다닌다는데
그 소문을 들은 나도

눈이 부어올라
다음날도 그다음 날도
이 근방에서 풍덩, 풍덩, 빠져 죽고

미평동에서 감기를 앓다

미열이 미평동 발목까지 내려온 날이었다

한산해진 골목 구석에서 햇살이 기지개를 켤 때
가늘고 하얀 목을 지닌 여자는 내 쪽으로 물컹한 속내를 언뜻 내비치곤 했다

미평동에서는 미열과 고열 사이를
오가곤 했는데
여자의 감춰진 속 비늘을 생각하는 일로 걸음이 늦춰지던 나는

골목 어귀, 자판기에서 뽑은
믹스커피 한 잔에
시 몇 줄을 미열에 섞어 마시다가
좀체 자신의 은빛을 보여주지 않는다는 목이 긴 여수라는 갈치를 생각했다

오후, 동백이 떨어지던 길에서
유달리 하얀 그 여자의 가는 목이 드리워진 고열의 바다를 보았다

〈
파닥이던 심장을 끝내 내보이지 못한 채
돌아서는
은빛 갈치 같은 여자

미열이 지나가는 저녁 무렵
은갈치 올라오는
미평동 길목에서
여수의 하얀 목을 향해 입술 오므리다가 말았다

고열이 올라왔다

3부

바퀴들

길에서 벗어난 비명들은 어디로 달려갔을까요

펴진 가죽 위로 새겨진 바퀴 자국이 기하학적 추상화를 닮아갔어요

바퀴들은 점과 선으로 비명을 분할했죠

고양이였던 추상화는 누구 하나 거들떠보지 않았으므로

바퀴에 깔린 어느 일용자의 이름도 쉽게 잊혀졌어요

기사는 그의 죽음을 몇 줄의 박음질로 서둘러 마무리했죠

우리들도 고양이도 길에서 쉽게 밀려났죠

해체된 비명이라고나 할까요

바퀴들은 오늘도 비명 위를 질주하고 있어요

내어준다는 것은

나무는 하늘을 날고 싶어 새들에게 가지를 내어주고

항구는 바다로 가고 싶어 배들에게 길을 내어준다

너에게 가는 길도 시간과 마음을 내어주는 일

지금의 나 또한 다른 누군가의 내어줌일 것이다

새들에게 가지를 내어주는 일로 나무는 더 멀리 날아가고

배들에게 길을 내어주는 일로 항구는 더 멀리 나아간다

나는 나를 편견 한다

나의 혀는 편견으로 기운다
(엄밀하게 말하면 공정한 혓바닥은 없다)
한쪽으로만 기우는 습관성 농담 같다
나는 편견으로 편견을 늘린다
(공정한 생은 처음부터 존재하지 않았다)
신들도 편견을 가지고 이 땅을 편견으로 바라본다
(신들이 공정하다는 생각은 편견이다)
나는 여전히 눈을 가린 정의의 여신이 내리는 판결을 믿지 못한다
(보지 못함으로 편견은 더 심해질 것이므로)
나는 한쪽으로 치우친 그림자를 삶 속에 늘어뜨린다
(그림자도 편견을 지닌다)
나는 편견을 편견으로 사랑한다
(이것은 편애하고는 다르다)
편견의 가지로 무성해진 나무가 편견 된 나를 바라본다
새로운 편견의 탄생이다
(그리고, 그래서, 그러므로,)
나는 나를 편견 한다

부터에 붙어

부터에 붙어 오는 날들에 붙어살았지

부터는 언제부터 부터였는지 그 태생을 알 수 없었으나
세상에 붙어 고개를 내밀었던 것

부터로 오는 부처의 시간이었는지도

나아가든지
도망가든지
부터는 전생에 붙어 떨어지지 않고

나부터
나아가는 시간과
나부터
도망치는 시간 사이에서

부터는 태고부터 전생에서 후생으로 서로 붙어 돌고 돌았는지도

오늘부터

내일부터
그리고 어제부터였는지도

부터는 까마득한 어느 우주의 시간부터
돌고 도는 시간의 곁에서부터로 붙어 왔는지도 모르지

부터에 붙어 오는
이 저물녘, 너의 숨결에 붙어 오는 연두처럼

우리 건달님

건들건들 걸어서 건달인 줄 알았드만
고서古書를 펼쳐내니 신들의 이름이다
건달아, 발로 건들어도 돌마냥 꿈쩍없다

한 장을 넘겼더니 내력이 상세하다

  지국 건달바왕 수광 건달바왕 정목 건달바왕 화관 건달바왕 보음 건달바왕 낙요동묘목 건달바왕 묘음자사당 건달바왕 보방보광명 건달바왕 금강수화당 건달바왕 낙오현장엄 건달바왕이라 예전에도 건달들이 이리 세상을 휘젓고 다녔구나

  건달바乾闥婆 번역하여 보니 향기 먹는 신이라

술 고기 좋아하고 싸움질 좋아하는
우리 아들 건달이 향기 나는 이름이라
오호라 이런 낭패가 푸대접도 이만저만

변변찮은 직장 없이 음식 냄새 맡듯이
돈 냄새 맡아가며 어깨로 건들건들

땡 뺏고 나와바리 싸움 인상조차 고약한데

아악을 맡아보는 신이었단 내용에
야, 건달 이리 와봐 노래는 좀 하냐?
아들놈 씨익 웃으며 한 가락을 뽑는다

날건달은 날건달인가 어깨에 흥 돋는다

건달은 다른 말로 한량이라 음식 향기 맡고는 그 집에 달려가 음악을 연주하고 음식을 축내고 같이 울어주고 웃어주며 며칠이고 엉덩이 붙이고 잘 놀아주니 사람마다 아는 체하며 추켜 세워주니 이 맛에 이력이 난 한량들이 다른 일인들 손에 잡힐까

뒈져도 향기만 먹는 건달바 한량 놀음

용무늬 문신 새겨 넣은 아들놈 등에다가
금강수화 건들바님 함자를 새겨 넣는다
건달님, 큰 법을 닦아 개과천선 하시게

미역

후우-
탄생 설화를 밀어 넣는 저물녘

엄마는 머리가 거꾸로 들어선 나를 낳지 못하고 남평 읍내에 새로 들어선 병원으로 달려가 태아의 머리를 흡착하는 기계에 아래를 보이셨지

바닷가에서 멱을 감던 삼신 할망의 웃음소리가 끓는 물에 부풀어 오르자 나는 발가락이 빠져나오던 아랫길에서 멀미 울음을 토해냈어

할머니가 끓이신 미역국 냄새를 맡고서야 아래가 풀린 엄마도, 멀미가 멈춘 나도, 보글거렸지

해무海霧가 미끌리는 저녁 무렵이었어

비장미가 자라는 시간

 노시인에게서 전화가 왔다 일생일대의 서사시를 완성했 노라며 출판사를 물어오셨다 서너 곳을 언급하여 드린 며 칠 후에 절명 소식이 들려왔다 망치로 머리를 얻어맞은 파 이프가 납작해져 있었다

 지지리도 가난한 집에서 태어난 후배가 있었다 앞가림 도 못 하는 남편을 만나 굳세어라, 영자가 되어 이십 년 고생의 터널을 막 빠져나올 무렵에 말기 암 선고를 받았 다 후배의 마지막 목소리에 서러운 쇳소리가 섞여들었다

 스물네 장의 유언서를 쓰고 스스로 목숨을 헌납한 제 자가 있었다 말미에 삶이 무엇이냐고 물었다 부모는 아들 을 향해 "살아보지 그랬냐, 네가 살아보고 우리한테 알려 주지 그랬냐"며 울먹였다 유언서는 칼이자 망치였다

 너에게 닿지 못한 시들이 먼지를 먹고 있다 시가 십 년 을 읽힌다면 그건 드물게 장수하는 일일 것이다 무엇 하 나 제대로 이루지 못했으므로 망치에 맞은 머리가 납작해 지는 밤, 봉오리가 잘려 나간 꽃대를 생각했다

삶을 박살내다

아버지는 마루 벽걸이에 푸쉬킨의 '삶'을 흐뭇하게 걸어 놓았다

그날, 똥값이 된 배추 때문에 대판 싸움이 벌어졌다

가져가라, 못 가져간다

중간 상인과 닭 볏처럼 핏대를 세우신 아버지는 멱살잡이를 하고 나서야 처분된 똥값을 받아 쥐었다

삶이 그대를 속일지라도 박살을 낼지라도 생활을 죽일지라도
슬퍼하거나 노하지 않을 수는, 없었다

술이 거나해진 아버지는 푸쉬킨을 던져 박살냈다

해마다 똥값이 속출하던

80년대의 일이었다

저물녘의 풍경

이제 살 만한데 다 죽고 없어라우

당골네 할머니가 무심하게 말을 건네자 할머니는 병아리가 돌아다니는 마당을 한참 지켜보더니

그거시… 그런단 말이오

아흔의 해가 아물거리던 무렵이었습니다

나를 닦다

얼룩을 모두 지울 수는 없겠지만
한 번쯤은 말끔히 사라지게 하는 마술을 부려보고 싶기는 하지

새벽녘, 토해 놓은 비굴이라거나
한때의 야비와
비린내 나는 욕정이라거나 하는
낯부끄러운 얼룩들

말끔하게 클리어할 수 있는 마법이 있다면 얼마나 좋을까 하다가
아세톤을 바라보았지

새롭게 세상이 열리는 것 같았어

미소가 살아났지

밤새 닦여 나온 얼룩진 그늘을 물끄러미 바라보다 알았지
〈

닦여진 것은 다만 나였던 나

저 부끄러운 밤이 나
저 비굴의 새벽이 나

새벽잠이 닦여지고 있었지

정보요리지존 자라

 밤이 되면 긴 목을 드리운 자라는 눈을 껌벅거리면서 컴퓨터의 전원을 누른다 사이트를 오가며 눈을 번뜩거리던 자라는 요긴한 정보를 미끼 삼아 낚시를 던졌으므로 사람들은 자라를 '한밤의 강태공'이라 부르기도 했다 하지만 정작 자라의 주특기는 정보를 세탁하는 천의무봉의 솜씨였다

 자라가 만든 프로그램 요리는 신출귀몰의 경지에 이르렀으니 자칭 정보 요리계의 지존이 되어 미끼에 걸려든 호구들의 호주머니를 탈탈 긁어가는 것을 낙으로 삼았다 통장에 찍힌 숫자가 자라날수록 자라는 목이 길어지기 시작했다 전성기에 이른 그의 요리는 주식판을 좌지우지하기도 했다

 파죽지세로 판을 점령할 것 같았던 자라의 치세도 세밀해진 보안과 팩트 체크가 가동되기 시작하면서 내리막을 걷기 시작했다 종국에는 그가 요리한 가짜 레시피가 법망에 걸리는 바람에 콩밥을 삼 년이나 먹어야 했다 허나, 자라는 심기일전의 자세로 새로운 요리법을 개발했다

그의 신통한 요리법은 치고 빠지는 '용용 죽겠지' 비법이었는데 정보의 피라냐들에게 거짓 먹잇감 하나를 슬쩍 던져주고 서로 피 터지게 싸우는 사이, 자신은 뒤로 빠져 짭짤한 수입을 챙기는 얍삽한 고단수 술법이었다

자라는 요리법에만 용맹정진한 나머지 가족들이 하나둘 떠나는 것도 몰랐다 불룩한 배와 빠진 머리카락으로 의자에 앉아 있는 자라는 자신이 누구인지도 잊어버린 채 화면만 들여다보았다 마침내 그의 요리는 이제 신묘의 경지에 이른 듯 보였다

허나, 또다시 그는 지능 범죄 전담 경찰견에게 물려 큰집에서 오 년의 묵언 수행을 보내야 했다 무소유의 강제 수행을 끝내고 그가 돌아온 날, 이웃 사람들의 말을 빌리자면 자라는 목을 길게 빼고서 모니터를 바라보며 종일 눈물을 흘렸다고 한다

오 년 뒤, 가짜 레시피가 판을 치고 있는 모니터 화면을 눈을 부릅뜨고 바라보던 요주의 인물 자라는 하늘을 보고 왜 나만 걸려들어 희생양이 되었는가 원망하다가 피

를 토하며 죽음을 맞이했다고 한다 그의 안타까운(?) 죽음이 내 귀에도 들려와 이웃한 인정으로 그의 일대기를 기록하노니, 가짜가 다 가짜이겠으며 진짜가 다 진짜이겠는가마는

　쉽게 돈을 버는 요리에 혈안이 되었다가 결국 자신도 정보 요리에 낚인 줄도 모르고 한 생을 살다간 자라의 생이 내 자화상인 것만 같아 왠지 씁쓸하기만 하였다 자라처럼 길어진 목을 안으로 집어넣으며 자칭 지존이었던 자라의 정보 레시피를 반면교사 삼으시라 스포하는 바이다

별빛을 쥐어주다

아이야, 왜 무덤을 여러 개 만드니?
아이의 손가락 사이로 젖은 모래가 삐죽거렸다
파도가 엄마를 못 찾게 하려고요
나는 무덤 위에 쌓은 무덤을 바라보며 눈시울을 닦는다
생은 한 줌의 모래처럼 가는가
물 먹은 바람이 늙고 굽은 몸을 쓸고 가면
이 아이만 혼자 남아 무덤 하나를 더 만들겠지
공활한 우주를 올려다본다
저기 우주에서 보면 우리는 모래알보다 작다는데
파도가 무덤을 쓸어내린다
물이 빠져나가듯 낡은 몸도 빠져나가리
엄마 얼굴이 기억나지 않아요, 어쩌면 할머니도 기억나지 않을지 몰라요
기억이 너를 찾아온단다
손에 꼭 쥔 모래가
어느 사이 스-스-스 빠져나가고
손등으로 눈물이 떨어진다
빈손으로 울고 있는 아이의 손에 나는
쏟아지는 별빛을 가만히 쥐어주었다

속불이 타는 강

바퀴들이 파 놓은 물웅덩이에
뿔들이 올라온다
솟구쳐 올라오는 순간에 뿔을 달고 올라오는 성난 소들
씩씩대는 불같았다
하지만 아직은 불이 되지 못한 아우성
불은 속을 타고 올라와야 진짜배기 불이 된다
그때가 파죽지세
물이 불을 삼키고 우는 때가 있다
어린 죽음 앞에서 어미는 뜨거운 속불을 삼키고 있었다
총탄에 찢긴 몸을 안고 오열하는 어미는
구렁텅이였다
진흙탕이었다
울부짖는 불이 오십 도, 백 도, 천 도가 되어 지글댄다
무덤이 된 이름들과
남아 있는 이름들이
불이 되어 끓어오르는 순간
뿔은 더럽혀진 하늘을 냅다 들이받는 성난 용광로가 된다
80년 오월을 끌어안고 흘러가는 강
불이 물을 끌어안고

물이 불을 끌어안고 흘러가는
오월의 강

코로나 행성

길을 뒤적거리지

문명을 쏘아 올렸던
봄날의 도시는
저마다의 격리를 모색하고 있어

거리는 멀어지는 만큼 가까이 와 있고

우리는 서로를 응시한 채 조바심으로 문을 닫아걸지

외따로 밥을 넘기는 시간
표정이 소등된 별에서 신경증에 걸린 마스크를 올려 쓰지

너무 멀어져 버린,
나는 너는 빗장을 건 국경을 배회하고 있어

우리는 동질의 항체일까

탈출 신호를 기다리며 쉿, 숨을 죽이지
〈

거리는 거리로만 붐비고
마스크는
밖으로의 꿈을 자유해

4부

낙법

우주에서 발아한 S2-7이라는 별은 아무도 발길 들여놓지 않은 산골짜기 외딴 연못에 밤마다 홀씨처럼 떨어져 만 리까지 이어지는 향기를 풍긴다

잔영의 훈기

아, 사십 년 만에 지 엄마를 만났다는 입양아 말이여
지 엄마를 끌어안고 우는디
나는 왠지 고것이 장작 타는 것맹키로
눈가가 뜨거워져 오드만

그리움도 잔영이 있을라나
꼬챙이에 꽂힌 고구마를 호호 불어가며 서로 먹여주던
그 시절은 인자 돌아오지 않것지만
먼저 간 우리 누이도 돌아오지 않것지만

아직까정 남아 있는
이 눈물의 훈기는 뭐람

겨울 허수아비

바람이 지나가자 상처 입은 짐승처럼 운다

세파의 장단에 춤을 추던 아비는
가을이 다 지나가도록 제 이름 하나 얻지 못하고 남의 집살이를 했다

병든 어머니가 계신 외가로도 자식새끼 맡겨 놓은 산골로도 가지 못하고 하얗게 덮인 벌판을 바라보며 훌쩍이는 허리춤을 올린다

휑한 가슴에 긴 작대기를 꽂아 넣는다

걸음을 멈추고

깜박이는 새 한 마리 수평선에 걸려 있다

날아온 방향을 가늠할 수 없다
울음소리가 가시나무에 걸려 바동댄다

억새가 줄지어 늘어선 겨울 강가에 앉아
얼굴을 묻고 있던 눈 시린 사내의 은빛 노을을 생각했다

가난한 시를 쓰다 간 노형의 장례식장에서
채워지지 않은 허기를 술잔에 들이부었다

늦은 밤거리를 사막처럼 배회할 때
바닥에 걸린 새 한 마리가 눈을 껌벅인다

나의 뒤끝인 것만 같아
끝물처럼 드리운 노을을 애써 붙잡고 있었다

쇼팽의 Spring

바람이 여인의 긴 생머리를 늘어뜨린다

비탈길에 핀 풀꽃이 촉촉한 입술을 내밀며 흔들린다

커피 전문점 길옆으로 가로등 하나가 아이보리색 드레스로 켜진다

펄 벅의 허벅지에서 싱싱한 청보리가 올라온다

안개비가 Spring 사이로 해차 향기를 풍기며 내려앉는다

손에 잡힌 물컹한 음에 가슴이 먼저 놀라 뛴다

지렁이가 사는 두엄가는 파릇하다

봄을 짓고 있는 중이라고 지렁이는 말했다

어둠을 삼켜 빛을 토해내는 확률은 사실 제로에 가깝다고
한쪽 눈을 찡긋해 보이던 지렁이는
또 하루의 피폐를 둥근 입 속으로 집어넣는다

멈춘 시간을 다시 자라게 할 수 있냐는 나의 물음에
그건 녹아내린 사탕을 단단하게 만드는 일만큼이나 어렵다고 했다

그 해, 지렁이는 달리의 시계처럼 녹아내렸다

몸통으로 사십 년을 기어 다니던 지렁이는
해마다 총소리를 먹고
새로이 오월을 토해냈다

녹아내린 그의 몸을 거적으로 감싼 아비는
망월동 두엄 밑에 묻어주었다
〈

민들레가 올라오는
두엄가에서
파릇한 시간이 자라나기 시작했다

내피와 외피

외피로는 알 수 없는 언어들이 있다

너는 혀끝에서 나온 말이 내 귀에 들려오지 않을 만큼의 거리에 서 있었다

언어들이 옹알이로 괴어 드는 밤

자동차 경적 소리에 너의 마지막 말이 묻히는 순간을 기억한다

전생을 피복皮服한 이생의 다듬이 소리가 들려왔다

너를 찾기 위해 돌아다녔으나 너의 행적은 무표정으로 고개를 저었다

겨울이 남기고 떠난 냉기 어린 말들이 봄이 되지 못한 언어로 유리창을 때린다

그 겨울, 잊는다는 말을 붙들고 나는 너를 건너가고 있었다

〈

창문은 내피와 외피의 경계에서 운다

소문을 타고 들려온 너의 죽음을 안고 나는 덜컹거렸다

사랑의 내피가 된 이별이 있고 이별의 외피가 된 사랑이 있다

외피가 벗겨진 창가에서 내피의 언어들이 바람에 떤다

사랑이 아직 끝나지 않았으므로 나를 지상에 남겨 놓는다

혼상魂箱을 이고 가다

종이가 된 혼을 머리에 이고 누이는
상여를 따라간다

1그램도 안 될 것 같은
입김 같은 혼이 내려앉은 상箱

흰 댕기를 맨 누이가
신발코를 바라보며
상엿소리를 따라 앞선 그림자를 밟는다

1그램은 정답고도 쓸쓸한 것이어서
수천 톤의 폭포 같아서
따라가는 길 내내
숨소리가 가라앉는다

종이로 지어진 어머니가 산바람을 맞으신다

잘 가세요,
1그램을 태운 산이 외로워진다

누이의 댕기를 쓸어내린 어머니가
허공으로 드리운 길을 따라
훌훌
걸어가신다

허공이 꽃비에 젖는다

* 혼백을 담는 상자

로또

아버지는 몰래 어떤 여자와 연애하시는 눈치였다

연애를 진하게 하고 오신 날에는 잠도 오지 않으신지 한동안 바깥을 서성이다가 들어오시곤 했다 상기된 얼굴에는 향내가 덕지덕지 묻어 있었다 연애의 사실을 일찌감치 눈치챈 엄마와 대판 싸우셨지만 아버지는 아랑곳하지 않고 일주일에 한 번은 꼭 데이트를 즐기시는 모양이었다

나는 그 여자가 궁금해 아버지가 잠든 틈을 타 손때 묻은 지갑을 열어보았는데 아버지의 애인은 지갑 깊숙이 들어가 있어 눈에 쉽게 띄지 않았다

아버지는 살아서 맛보는 가장 큰 기쁨이라도 되는 듯 자식들 몰래 폐지를 팔아 용돈을 마련하실 때에도 일주일에 한 번은 꼭 그 여자의 품으로 달려가곤 했다 그러기를 십 년이 지났다

아버지의 영전에 지갑에서 나온 그 여자가 엎드려 있었다

사랑하는 사람의 곁을 지키고 있던 그 여자는 일주일 후

에 떠나갔다 나중에 우리는 아버지의 목숨이 그 여자로
인해 일주일씩 연명되었다는 사실을 알게 되었다

　길고도 오랜, 아버지의 사랑이었다

잎은 입

잎은 하늘로 입을 벌린다

거센 바람이 불고 폭우가 쏟아져도 숨지 않는다

잎은 무수히 많은 입을 달고
우주에서 오는 무게를 받는다

잎은 더 크게 입을 벌리고 천둥소리까지 받아 삼킨다

길가에, 숲속에, 도로변에
우수수
떨어진 입들을 바라본다

잎들이 뒹구는 초겨울에 떨어진 내 입을 하릴없이 바라본다

온기 없는 입

겨울 뒷골목 앞에서 떨어진 잎이 하늘을 향해 입을 벌린다

〈
나의 입은 진실한가

진실의 입˚에 손을 넣고 겨울나무를 바라본다

머나먼 별 하나가
길가에 내려와 맴을 돈다

* 진실을 심판한다는 원형의 얼굴 조각상

기린들

달려오는 초원을 바라본다

떠나온 아프리카의 짙푸른 향내가 밤으로 물들어 있다

코를 벌름거린다

아프리카는 항구와 항구를 흘러 한반도 아래까지 밀려왔다

바닷가 선술집에서는 북항에서 왔다는 김 씨가 오늘도 어김없이 타향살이를 두드린다

그가 남긴 타향살이는 북항으로 돌아갈 것이다

바다를 달려온 초원의 노래가 시린 발을 적시는 달밤

항구에 도열한 크레인들이

마사이마라를 향해 기인 울음을 운다

아늑한 발랄

여기는 꽃 피는 역, 화정역입니다

신문지를 말아 입술에 댄 노신사가
고개를 숙인 채
손가락으로 꽃을 피우고 있다

문이 열리고 한 겹 두 겹으로 들어서는 사람들 사이에서도 주름진 열 개의 손가락은
꽃 피우는 연주를 흩트리지 않는다

화엄의 경지에 든 것일까

막고 푸는 자리마다
화음花音의 세상이 피어오른다

무음의 손끝에서 올라오는 아늑한 발랄에 빠져든다

나비가 날아간다

지느러미 퇴적층

눈 내리는 소리가 납작납작 눌려진다

휘이-, 한 바퀴 돌고 오신 아파트 경비 아저씨가 지느러미에 붙은 눈을 턴다

쓸어 놓은 길에 또 눈은 내려 길을 지우고
값싸게 팔려나간다는
지느러미들이
한 달 동안 오지 않는 수거차를 기다리고 있다

명자 할머니 치마 지느러미가 바람에 팔랑이고 진이 엄마가 입던 청바지 지느러미는 때깔이 아직 팔팔하게 살아 있다

아랫집 영희 체육복은 분홍 지느러미 속에 들어가 얼굴을 묻는다

눈 위에 달빛이 소복이 내려앉자
침묵은
더 깊이 눌려진다

〈
멀리서 눈을 밟고 오는 바퀴 소리가 들리는 것도 같은데
아침은 아직 멀고
적막은 만년설로 쌓인다

침묵이 무거워진 지느러미 하나가
잔기침을 털어낸다

룽다*

히말라야 정상은 바람의 성배聖杯

오체투지로 티벳과 부탄을 떠도는 영혼들이
몸부림치는 갠지스강을 따라 흘러간다

한 폭의 신전, 룽다

노래였다가 새였다가 한 채의 집이었던 몸이
랄리구라스 나무 깃대에서
허물을 벗는다

신의 음성은
지상으로 펄럭이고
길을 잃었던 아르크투르스**의 눈물을 닦는다

저마다 구겨져 있던 울음들이
붉고 파랗고 노랗고 푸르고 하얀 제단 위에서 울대를 세운다

굽이치는 지상으로

시린 눈물과 벗어놓은 허물들에게 바람을 입힌다

룽다,
라싸의 깃대를 흔들며
한 폭의 경전으로 물든다

* 장대에 매단 한 폭의 기다란 깃발
** 방위의 기준이 되었던 북두칠성 남쪽에 있는 별

■ 해 설

삶을 관통하는 실존(實存)의 견인력

유종인(시인)

1.

시적 미학이 일상을 비롯한 현장의 삶과 치열하게 연계되지 않고 관념적 유희를 풍미하던 시절이 있었다. 그럴 때 시적 구문은 자꾸 언어유희와 결탁하고 수사학의 하청업체처럼 허황되고 부박(浮薄)한 세간의 현란한 표현을 수소문했던 적도 있다. 그것이 과거 어느 시점에만 유효하고 한정된 것인지는 의문스럽다. 수사학의 일방적인 무용론이 아니더라도, 레토릭(rhetoric)은 외부적인 삶의 비루함과 황망하고 염세적인 현실, 일상의 부조리를 해체하는 과정에서 파생된 또 하나의 삶을 바라보는 시적 응전(應戰)이라는 말도 뒤따랐지만 그런 말들조차 공허할 때가 있다. 도대체 삶을 응시하는 눈길 대신 내면의 진실을 새롭게 찾는다는 말의 궁극은 어디까지일까. 무엇을 보여주는 것이 내면을 위한 내면의 전략이었던 것일까.

 흔히 삶의 현장성, 혹은 현실이 주는 사실성을 드러내는 표현방식에 있어서 우리는 리얼리즘이 시대적 예술 이념의 대세인 시대를 통과해오기도 했고 그것을 문학적 진실의 오롯한 표현방식의 대세로 옹립되거나 주창된 시대를 거쳐 오기도 했다. 그러나 여기서는 혁명시대나 민주화 투쟁의 시대와 겹쳐지는 격동의 시대를 경과하는 동안의 문학적 주류 담론과 그 표현방식의 일방이 사실주의라는 것을 전적으로 부정하지 않거니와 다만 그 리얼리즘의 정신과 표현방식의 결합이 경직되어서는 안 된다는 사실을 먼저 주지할 필요가 있어 보인다. 표피적인 무미건조한 사실(주의)적 표현의 지양을 먼저 거칠게 제기할 필요가 있겠다. 그러나 시대 구분과 그 시대 양상과 결부된 문학적 담론, 그리고 거기에 따른 표현방식의 적절성 논의는 이 한정된 지면의 목적도 아니거니와 그 범위와 심도가 넓어 일찍이 문학사가나 학자들의 몫일 수밖에 없다. 그보다는 구체적으로 삶의 현장이 거세된 시적 담론이 횡행하는 요즘에 있어 우리에게 필요한 시적 정황이나 표현의 수위, 삶의 진실에 대한 소위 21세기적 시의 문법을 궁구(窮究)하는 일이겠다.

 20세기말 그러니까 1990년대 이후 우리 사회에 불어닥친 개인주의적 경향의 팽배와 전통적 가족 구성의 해체, 그리고 후기 천민자본주의(賤民資本主義)의 득세 등이 야기시킨 다

양한 삶의 변전과 분화, 재해체 등을 우리는 혁명이 사라진 시대 이후에도 여전히 미완의 혁명의 과제처럼 떠안고 살아온 시점이 아닌가 싶다. 글로벌해진 지구 공동체의 확산과 국제경제 네트워크의 본격화, 다문화 사회의 진전과 디아스포라의 전지구적 만연 등을 놓고 우리는 새로운 삶의 패러다임에 본격적으로 직면해 있고 그런 삶의 한가운데 진입해 있다.

이런 21세기의 국내외적 흐름을 놓고 볼 때, 강대선 시인의 시편들이 갖는 현장성은 그 시적 경험과 당대적 현실을 바라보는 시각 자체가 시가 갖는 협의狹義에서뿐 아니라 우리네 지형이 바뀐 삶의 광의廣義에서도 유의미한 시적 응전應戰의 뉘앙스를 제공한다. 그것을 단적으로 제시할 수 있는 것이 바로 실존의 허기虛飢, hunger이다. 이 허기는 인간뿐 아니라 모든 생명의 선의와 악랄함과 본능을 포괄하는 일종의 카오스의 마그마를 품은 에너지원처럼 삶과 거기서 발원한 시편 도처에 분방하게 작동한다.

    끼니때마다 반복적인 공격성을 드러낸다

    허기의 알에서 나온 검은 파리들이 남은 숨을 맹렬하
게 빤다
    눈과 입에 붙은 검은 파리들은

공복에서 기아로 옮아가는 동안에 번성으로 들끓는다

갈비뼈를 앙상하게 드러내고 볼이 홀쭉한 아기가 웃
는다
아니 운다
아니 무어라, 무어라, 파리처럼 웅얼거리다가
고개가 암연히 떨어진다

거죽만 남은 핏덩이를 안은 여인의 눈물이 슬픔의
밑창을 뚫고 내려간다

허기의 배후들은 가면 뒤에서 캘캘댄다

검은 파리들은
숨 마른 허파에 붙어 남은 온기까지 털어낸다

나의 아사餓死였다
— 「허기의 밑창」 전문

　천민자본주의의 득세가 이뤄낸 우리 사회, 아니 전지구적 교환가치수단의 무차별성과 반인류애적 팽배는 사람이라는 것과 사람 아닌 것의 경계를 자꾸 허물어가는 모종의 불문율로 지구 땅별의 종식될 수 없는 시장황제market-emperor의 언명이 되어가고 있다. 자본의 편식과 자본의 편중, 자본의 편재가 낳은 이러한 신분제적 차별과 제도화된 약탈의 방식은 시인의 눈길에서는 새로운 존재의 방식을 낳기에 이르렀다. 그것은 바로 허기의 출정이다. 즉 허기를 통한 존재증명에 버금가는 사회적 약자들의 기형화된 재생산과 위악의 새로운 패턴화 경향이 그것이다.

 이 허기의 야만성은 단순히 생활의 빈한함과 곡기의 부족에서 출발한 듯하지만 보다 근본적으로는 인간의 온기를 박탈해가며 강퍅하게 강화되어가는 비인간성에서 축조된 불온한 실재인지도 모른다. "갈비뼈를 앙상하게 드러내고 볼이 홀쭉한 아이가 웃는다/아니 운다"라고 묘사하는 시인의 내면에는 가난한 나라의 가난한 가정의 가난한 아이의 처지에 한정된 것이 아니라 그 가난한 아이를 가난한 그 상태로 울고 웃게 만드는 그 아이를 둘러싼 세상의 비열함이 내장돼 있다. 그리하여 "검은 파리들"로 상징되는 가혹한 자본과 몰인정한 정권과 사회적 무관심은 "허기의 배후들"로 "가면 뒤에서 캘캘"대고 있다. 이런 21세기에 미만彌滿한 지옥도는 우리들과 먼 거리의 얘기가 아니라는 화자의 냉철한 인식과 온정주의에 힘입어 시인 자신도 거기에 기투企投되기에 이른다. 그것이 바로 "나의 아사餓死였다"라는 마지막 고백에서 도드라진다. 허기진 생명에게서마저 "남은 온기까지 털어"내는 이런 야멸찬 야차夜叉 같은 풍경은 그 정도의 차이만 있을 뿐 우리 일상에서도 비근하게 목도되곤 한다.

지나온 생이 비록 환하지 않았지만
남아 있는 시간 또한 행복주택에서 멀어져 있지만
제단은 더 높은 곳을 향해 솟아 있다

수련으로 채워진 제단 앞에 그늘진 빛들이 엎드린다

오지 않는 희망의 홀씨를 기다리는
채용 절벽의 끝에서조차 채집된 기쁨이 있다는 것을
믿는다

바람통을 지나가는 한 세대가
코언저리에서 퇴직과 감원의 꼭짓점을 통과하더라도
난민처럼 떠돌던 또 다른 보트는
이제 막 취업의 해안에 상륙하고 있다

등불을 밝혀 든
저 붉은 자본의 신단수를 바라보며
저마다 허기를 지나온 기억은 알츠하이머로 굳어지고

눈은 이기로 멀어 있다

수고와 눈물로 지어진 이 제단에 무관심의 눈이 쌓여
헛된 기쁨이 모든 슬픔을 덮을지라도

죽은 희망은 불사의 복사열로 신전에 불을 밝힌다

　　　　　　　　　－「메타자본세콰이어 신전」 부분

　앞서 죽음의 동력이자 삶의 미시적인 희망의 근거인 '허기'는 「메타자본세콰이어 신전」 속에서 숨을 헐떡거리며 화려한 비탄의 자맥질을 치는 듯하다. 악성 희망일지라도 존재를 재생할 근거지가 자꾸 허물어지는 상황이 속출하는 가운데서도 화자의 눈길에는 이를 악물듯 "채집된 기쁨"에 본능적으로 집착과 모종의 희망을 걸 수밖에 없다. 이 집착과 희망이 허망의 구렁텅이에 빠지더라도 그 기쁨에 어깨를 기대는 것은 생 자체를 쉬 허물 수 없는 생명의 의지 깊은 곳에서 발원하는 등불이 있기 때문이다. 그러나 그것만으로는 다 설명할 수 없는 것이 있는데 그것은 "자본의 신단수"에 "눈은 이기로 멀"고 여전히 "허기를 지나온 기억은 알츠하이머로 굳어지"더라도 허기는 여전히 절멸의 방식이 아니라 생존의 방식을 위한 출구를 모색하기 때문이다. 허기는 허기 바깥을 향해 그리고 그 허기 내부의 새로운 근거지를 위해 반어적이고 비판적인 자본의 메타세콰이어 경전을 불온서不穩書로 등극시킬 수는 있어도 분서焚書할 순 없는 시대를 우리는 사는지 모른다.

 비록 허기가 위악적인 포즈와 악행의 가납사니처럼 굴더라도 그 허기의 출분出奔 이후 나아갈 방향은 생활에 대한 전적인 부정성만은 아닐 것이다. "죽은 희망은 불사의 복사열로 신전에 불을 밝"히는 안간힘으로 버틸 수 있으며, 불온한 사회경제 체제의 그늘에 놓여 있다 하더라도 비록 '헛된 기쁨'으로 마음의 정서적 온기를 축적해 나가려는 보이지 않는 시의 행간을 우리는 강대선의 시편에서 읽을 수밖에 없다. 자본의 경전에 전적으로 흠숭欽崇의 정신을 팔아버릴 수 없음에도 거기에 눈을 뗄 수 없는 생활의 반경을 의식하는 것부터 시작해야 한다는 모종의 다짐, 이것이 시인이 행간에 배어놓은 습습하면서도 결기 있게 자본을 살아가는 나름의 견인의 방식이 되어야 하지 않을까.

  아버지는 마루 벽걸이에 푸쉬킨의 '삶'을 흐뭇하게
  걸어놓았다

  그날, 똥값이 된 배추 때문에 대판 싸움이 벌어졌다
  〈

가져가라, 못 가져간다

　　　중간 상인과 닭 볏처럼 핏대를 세우신 아버지는 멱
　　살잡이를 하고 나서야 처분된 똥값을 받아 쥐었다

　　　삶이 그대를 속일지라도 박살을 낼지라도 생활을 죽
　　일지라도
　　　슬퍼하거나 노하지 않을 수는, 없었다

　　　술이 거나해진 아버지는 푸쉬킨을 던져 박살냈다

　　　해마다 똥값이 속출하던

　　　80년대의 일이었다

　　　　　　　　　　　　　　 - 「삶을 박살내다」 전문

　　앞서 지난한 삶을 견인하거나 나름의 정신으로 견뎌낸
다는 말의 후의厚意와 위의 시편이 갖는 맥락은 얼핏 결렬
되는 지경으로 볼 수도 있다. 푸쉬킨과 무명의 똥값을 고
상하게 연계시키고 그윽하게 조화를 견지하기는 지난한 게
현실이다. 그러나 화자는 화자의 아버지의 분노에 찬 흥정

을 통해서 삶이 녹록하거나 호락호락하지 않음을 오히려 현시하는 것이 아닐까. 서짓부른 희망을 매표할 수는 없다. 진정한 견딤의 일상이란 속악(俗惡)한 현실을 "처분된 통값을 받아 쥐"는 그 실존의 고투(苦鬪)이자 투박한 응전의 자세 속에서 돌올해지는 바가 아닐까. 비록 "슬퍼하거나 노하지 않을 수는, 없"다라는 현실론을 수용하는 것 속에서 생활은 지속되고 존재의 견딤은 정신적으로 강화될 계제를 갖는다. 술 취한 "아버지는 푸쉬킨을 던져 박살" 낼 수 있을 때 삶은 오히려 통박을 맞으며 정신머리가 조금 돌아오고 그 속내가 조금 트일 수도 있으리라. 강대선 시인의 이런 시적 응전의 포문은 얼핏 생활의 실패담인 듯 보이지만 지난한 삶을 열어가는 성공한 실패담의 속내를 간원(懇願)처럼 내보이는 것은 아닐까. 비록 "해마다 통값이 속출하던 80년대의 일"이라고 했지만 그것이 과연 전세기(前世紀)의 유물로만 고착된 것일까. 꼭이 그렇지만은 않으리라. 성공과 대박의 신화가 사기수법의 상투적인 수사로 횡행하는 21세기에도 여전히 우리는 팍팍한 삶의 후유증과 싸우고 화해하고 타협을 짓지 못해 번뇌를 달게 마신다.

'삶을 박살내'지 않으면 삶은 쪼그라들고 오히려 삶은 더 비루한 존재들의 집합소가 될 공산이 커진 세상이다. 긍정적인 파산이거나 희망찬 파기(破棄)를 기대해 볼만 하다고 감히 지난 세기의 가족서사의 일부를 복기하는 시인의 눈에는 "핏대를 세우"는 분노의 정신이 종요로워 보인다. 순응하고 저열한 자본의 계략에 순치馴致되기는 차라리 용이하다. 그러나 단순한 공분을 넘어 우리 생활의 정경을 누구를 위해 복속시킬 것인가 가만히 되돌아보면 여전히 막막한 데 실존의 허기를 좀 더 근사한 그리고 실용적인 창의의 덕목으로 새삼 옹립하지 않을 수 없다. 앞서 허기에서 출분出奔하듯 세상에 나온 위악들이 그 위악으로 그치는 것으로 삶은 암전되지만은 않겠다는 다짐들이 새로운 핏대가 서고 선연한 핏발로 오히려 시의 눈에 서린다 해야 하지 않을까.

2.
　보편적 복지라는 말이 심심찮게 회자되는 요즘에 우리는 점점 이 말의 저의와 발생 배경을 눈여겨볼 수밖에 없다. 그 말은 앞서 언술한 지나친 치우침, 편중과 편파와 편재 속에서 태어난 반어적인 사회적 화두라는 게 일반론일 것이다.

　　나의 혀는 편견으로 기운다
　　(엄밀하게 말하면 공정한 혓바닥은 없다)
　　한쪽으로만 기우는 습관성 농담 같다

나는 편견으로 편견을 늘린다
(공정한 생은 처음부터 존재하지 않았다)
신들도 편견을 가지고 이 땅을 편견으로 바라본다
(신들이 공정하다는 생각은 편견이다)
나는 여전히 눈을 가린 정의의 여신이 내리는 판결을 믿지 못한다
(보지 못함으로 편견은 더 심해질 것이므로)
나는 한쪽으로 치우친 그림자를 삶 속에 늘어뜨린다
(그림자도 편견을 지닌다)
나는 편견을 편견으로 사랑한다
(이것은 편애하고는 다르다)
편견의 가지로 무성해진 나무가 편견 된 나를 바라본다
새로운 편견의 탄생이다
(그리고, 그래서, 그러므로,)
나는 나를 편견 한다

- 「나는 나를 편견 한다」 전문

 편견으로 대표 혹은 대변되는 화자의 다양한 질문과 화답은 기실 보편성, 즉 불편부당함을 현실 속에서 쉽게 개척 개화할 수 없고 그런 만인의 복지를 개안하기 어려운 현실을 인식한 시인의 언어적 터부나 직관을 보여준다. 여

기엔 화자의 능동적인 평등의 가치를 얼마나 절실하게 접속하고 있는가를 멜랑콜리하게 혹은 시니컬하게 보여준다. 시인 개인을 비롯하여 우리 사회 공동체 전반에 '편견'으로 물들고 각 분야에 편견으로 도배된 불평등과 불공정의 현황을 편견의 키워드로 진단해 나간다. 편견의 키워드로 종내 이뤄내고 싶은 보편의 인간상과 보살행, 혹은 공정의 가치는 그래서 요원한 듯 그러나 우리 삶의 근처에 머물러 있음을 "편견으로" 내파해 나가는 시인의 언어적 잠행, 아니 반어적 잠언 투로 재미를 준다.

편견이든 편애든 현실에서 조화로운 공정한 짝패를 찾고자 하는 시인의 늡늡한 생각은 결국 그러한 인식의 도저한 응시를 통해서 박애의 영토를 그리고 시간을 호출한다. 당장에는 없으나 당장에는 부족하나 이미 이 당장의 호명 속에서 화자는 미래가 현재가 되는 순간에 시인의 편견이 바라는 그 보편적 바람의 가치를 앞당길 수 있지 않을까. 편견의 키워드로 시니컬하게 일갈一喝을 이어가는 행간 속에서 편견은 그리고 편애는 조금씩 범애汎愛의 수위를 그 눈물빛으로 높여가지 않을까 싶다.

도루묵이 미늘을 물고 비릿하게 올라왔다

사내가 원고 뭉치를 들고 방으로 들어가자

아내는 문 밑으로 한 달 생활비와 아이들 교육비를 들이밀었다

통통배 선장 김 씨는 돈도 안 되는 도루묵을 떼어 갑판 위에 던져버렸다

사내는 고지서 뭉치를 들여다보다가 담배를 꼬나물고 똥을 한 시간째 누었다 삶은 참 비루하구나, 변기통에 머리를 박고 울었다

도루묵이 팔팔 끓여지고 있었다

사내는 이제 목구멍을 위한 월급을 받게 되었다고 아내한테 물기 없는 언어로 말한 뒤, 미늘에 꿰어진 시간에 따라 출근했다

묵혀둔 원고 뭉치를 쓰레기통에 던졌다

도루묵에 소주 한잔 기울이는 사내의 한쪽 입이
무엇엔가 꿰어진 듯 비릿하게 올라갔다

-「도루묵 사내」 전문

그렇다면 시인은 화자로 하여금 뭇 존재의 현황을 시니컬하게 그리고 현실적인 편견이 하나의 진리인 양 재우치는 것은 무엇일까. 그것은 범박하게 말해서 생활의 현장이고, 그 현장의 의미에 관한 핍진逼眞한 발견이다. 왜곡되고 강퍅한 현실을 회의적인 시선으로 회피하지 않고 그것이 과연 그러할 수밖에 없는 상황임을 응시하는 것, 강대선 시인의 시적 정직함은 바로 이런 진솔의 미학에서 발원한다. 그런데 재미있는 것은 시인이 채용하고 있는 팍팍한 생활의 발견을 드러내는 방식의 우의寓意에 있다. 가치 없음의 계륵鷄肋같은 존재를 표상하는 바다의 도루묵 생선과 현실의 b급 이하 경제 무능력자 사내를 하나로 아우르는 시적 서사는 도루묵이라는 환유를 통한 풍유의 세계를 창안한다. 설명의 형식이라면 진부하고 상투적인 현실의 피폐함과 궁핍만을 언술했을 것을 화자에 의해서 좀 더 비극적인 재미를 여투고 있다는 점은 이 시인의 구설에서 시적 함의를 담는 방식이 되살아나고 있다는 긍정의 신호다. 이런 불온하고 강퍅한 현실을 풍유적인 스토리로 재탄생하는 경우는 시집 전반에 심심치 않게 많다. 그만큼 현실을 자연물이나 현장의 인상적인 장면을 통해 재장구치듯 조명할 만한 문제의식에 충만하다는 뜻이다.

"도루묵이 팔팔 끓여지"듯 시인의 세상을 보는 만화경萬華鏡의 시선은 「바다코끼리 자술서」나 「로또」, 「역류의 시대」

그 외에도 시집 전편에 산재해 있다. 이 만화경의 시선은 딱히 알레고리적인 수사가 전담하고 있다고 볼 수는 없으나 삶을 관통하거나 가로지르는 시인의 예리하고 유니크한 시선에 포착된 시적 생물로 파닥거리며 삶의 비린내를 풍긴다. 고충이 있으나 절멸絶滅을 예단할 수 없는 이유가 이런 풍유적 시선에 포착된 시적 발화 속에 스며 있다. 단말마를 토로하기보다는 자신이 처해 있는 주변 상황을 나름 여실하고 적실하게 보여주려는 그 진솔의 화법으로 설득력을 담지해 나간다. 실제의 도루묵과 실존의 도루묵 사내를 하나의 "꿰어진 듯 비릿하게" 시편 속에 낚아내는 방식을, 나는 강대선만의 시의 에피소드적 대위법對立法이라 부르련다.

이런 대비적인 대위법의 시선은 줄곧 시인의 능란한 언술에 의해서 실존적 현실을 비극에 경도시키지만 않고 일정한 거리두기를 통해 우리 삶의 층위를 여러 각도에서 성찰하게 하는 계기를 마련한다.

다시는 돌아가지 못할 고향을 바라보려는 듯 눈을 부라린다 수염은 그가 한 마을의 유지였다는 것을 말해준다 구릉이 실은 고분이었다는 구깃구깃한 신문 기사가 메기 앞에 놓인다

고분에는 왕이었을, 어쩌면 한 고을의 유지였을 사

람의 뼈와 금으로 된 장신구가 신발과 나란히 앉아 있었다고 한다

신발이 수염이었을까

메기가 버들가지를 빠져나온다

한때는 잘 나갔던 기억으로 살아온 주인장이 하품을 한다 눈물을 찔끔거리던 메기가 끓는 탕 속으로 몸을 던진다 구릉은 왠지 메기의 잘 나가던 한때처럼 쓸쓸한 역사를 지니고 있다

― 「구릉」 부분

시인의 데뷔작인 위의 시편에서도 일견 이질적인 대상을 하나의 의미망 안에 수렴하고 연결 짓는 통찰력은 삶의 속성이 갈마들었던 곳이면 어디든 그 실존의 냄새를 맡는 예민한 후각을 지닌 듯하다. 물을 떠나 버들가지에 꿰인 '메기'와 '구릉'을 하나의 삶의 궤적에 꿰는 눈썰미는 그야말로 "쓸쓸한 역사"가 지니는 존재의 안팎과 속내를 으늑하게 살피는 시인의 직관력의 소산이 아닐 수 없다. 모든 생멸을 거듭하는 숨탄것들의 처지를 살필 줄 아는 이런 시야말

로 강퍅하고 비인간적인 사회 분위기와 비민주적 권력이 득세했던 시대의 오점을 여전히 기억하는 리얼리즘의 한 취지로 작용할 가능성이 여전하다. 역사는, 그악한 혐오의 역사는 그래도 비망(備忘)의 시편 속에서 아직도 오열한다. 그것은 복고주의를 추수(追隨)하는 것이 아니라 비망의 기억과 언어를 통해 더 이상 간섭받지 않고 훼손되지 말아야 할 삶의 존재의 가치를 갱신해 보려는 진솔함에 기반하기 때문이다.

> 총탄에 찢긴 몸을 안고 오열하는 어미는
> 구렁텅이였다
> 진흙탕이었다
> 울부짖는 불이 오십 도, 백 도, 천 도가 되어 지글댄다
> 무덤이 된 이름들과
> 남아 있는 이름들이
> 불이 되어 끓어오르는 순간
> 뿔은 더럽혀진 하늘을 냅다 들이받는 성난 용광로가 된다
> 80년 오월을 끌어안고 흘러가는 강
> 불이 물을 끌어안고
> 물이 불을 끌어안고 흘러가는
> 오월의 강
>
> ― 「속불이 타는 강」 부분

누가 지난 시대의 진부한 표현논리로 현재의 소위 새로운 시 문법의 난삽함을 질타할 수 있겠느냐고 말하기도 한다. 같은 논리로 그렇다면 현재의 시적 표현의 유행만으로 사실주의적 시적 표현의 진솔성의 수위를 간과해서도 안 된다고 할 수 있다. 넓은 의미의 서정시든 사회비판적 경향의 시든 그 시적 표현의 새로움을 꾸준히 갱신해 나가는 노력이야 통박할 계제는 아니다. 그보다 주목해야 할 부분이 있다면, "성난 용광로가" 되어 "80년 오월을 끌어안고 흘러가는 강"의 의미를 여전히 과거의 유물로 치부하는 시적 망각에 대응하는 것이다.

무고한 죽음의 가치를 무화無化하고 현재적 삶의 부박함 속에 매몰돼 스스로 하찮아지는 존재를 회의할 줄 모르는 것을 경계해야 하는 것이 실존의 인간이 지닌 사명이다. 시인은 아직도 "속불이 타는 강"의 가치가 여전히 21세기의 천민자본주의 시대의 속악한 삶 속에서도 갱신된 실존적 가치가 돼야 한다고 여기는 듯하다. 그것의 유효성과 유지遺志, 범박하게 말해 그 오월 정신의 창조적 계승이 궁극적으로는 우리 삶의 전반부에 스미고 배어서 새뜻한 존재의 진경眞境을 열어나가길 간원하는 것이다.

그래서 앞서의 허기와 울음은 강대선 시인의 시적 정서의 기저基底이며 그 추동의 정조情調이기도 하다.

또 한 계절이 지나가고 있어요
매미는 난간에 붙어 사십 년을 울었어요

떠나지 못한 울음소리 때문이었는지 땅거미는 그리운 쪽으로 이울고
산그림자는 지나간 사랑의 이름을 물어 오죠

풍등은 누군가의 영혼을 품고 달의 뒤편으로 떠나가고 있어요

환한 조등(弔燈)으로도
오월의 전별을
또 한 계절이 더해지고 있는 눈물을
저승까지로는
모두 날려 보낼 수 없겠지만

망월의 오월을 건너가는 만월의 편에
울음 한 장 띄워요

지상에 남겨진, 이 뜨거운 매미 울음을 끌어안고
또 한 사랑이
떠나가고 있어요

  －「풍등이 우는 계절」 전문

요약하자면, "울음 한 장 띄"우지 못하는 자는 살아도 살아 있는 자가 아니다. 비탄의 눈물과 울음을 먼저 보내고 "환한 조등으로도/오월의 전별을" 보태보고자 하는 것은 "지상에 남겨진" 존재가 "또 한 사랑이" 마땅히 감내하고 나눠야 할 존재의 보금자리를 열어나가기 위한 것이다. 복음자리와 보금자리라는 말이 어울리고 합치될 수 있으려면 그만큼의 울음으로 배웅하고 마중해야 할 인간적 너름새를 가져야 하기 때문이다. 울음이라는 존재의 형식이 전통적인 서정시의 정조이자 맥락이지만 그보다 더 중요한 것은 여전히 온몸으로 사는 존재의 큰 이미지는 사랑의 큰 울음 속에 번져 있다는 통각痛覺이다. 이 자각perception으로부터 새로운 시대의 시적 문법이든 전통적 시의 표현의 가능성도 함께 타진될 수 있을 것이다.

존재의 일상과 지나온 삶은 얼마만 한 알레고리의 수치를 가늠하며, 생활의 자존의 게이지 눈금을 오르내리는 상황들을 인내하며 겪어냈는가. 천민자본에 대한 저주와 혐오는 기실 그것에 대한 종요로움과 집착, 불가분의 욕망의 다른 측면일 수도 있다. 자본의 폭력이 우리의 삶을 피폐하게 하고 몬존한 존재로 낮추려 할 때 강대선의 굴하지 않는 시인 정신은 그의 삶을 관통하는 올곧은 견인력으로 다음과 같이 일갈하기에 이른다.

한 생이 가물었으나 주저앉지 않았지

　　　갈라진 삶의 바닥을 견디다가
　　　죽음이 오는 순간에도
　　　크게 한번 입을 벌려 죽음을 물어뜯는 이빨을 포기
　　하지 않았지

　　　　　　　　　　　　－「건기의 숨」 부분

　단순한 오기傲氣만이 아닐 것이다. 삶은 사랑 안에서 더 크고 사랑은 삶 속에서 더 웅숭깊어진다. 시인의 시가 여전히 삶의 현장성에 정직하고 진솔할 수밖에 없는 것은 허황되고 허약한 보헤미안의 상상력의 멜랑콜리를 몰라서가 아닐 것이다. 그보다는 삶처럼 깊은 상상력이 없고 삶처럼 색다른 오의奧義를 내장한 구릉丘陵이 없으며, 삶처럼 여사여사한 곡절이 내주는 철리哲理를 퉁기는 곳도 없기 때문이다. 예토穢土에 사는 시인은 "크게 한번 입을 벌려 죽음을 물어뜯는 이빨"로 시의 꽃과 시의 숨결을 미소 짓고 아직도 여기의 어둠에 빛의 숨을 보태고 싶은 자들이기 때문이다. 그 어떤 외물外物의 위압과 그 어떤 외부의 부당함이 우리 삶을 폄훼하고 모멸을 주더라도 시인의 시는 미소로써 울부짖으며 가난하지만 나눠주는 관용의 인간을 보태고 있는 것이 아닌가. 세간의 바람이 분다, 그 바람 속을 다 살아야겠다, 고 뭍별처럼 가득한 빛이 그 울음에 윤슬의 눈부심을 보태는 것도 그를 둘러싼 삶의 자연自然이 아닌가.